AF554520

# AFFAIRE LESURQUES

Dans le feuilleton d'un nouveau journal judiciaire, le *Bulletin des Tribunaux*, se trouvent les lignes suivantes, signées de M. Marius Lardière, avocat à la Cour impériale de Paris :

(*Numéro du* 22 *décembre* 1862.)

..... Quoi qu'on dise, il n'y a pas de pays au monde où la justice soit mieux rendue qu'en France et par de plus dignes organes, et tout ce qui jette dans les masses une défiance irréfléchie est un malheur. Ceux qui parlent sans cesse d'erreurs judiciaires doivent se montrer plus réservés lorsqu'il s'agit du jury, ce dernier rempart de nos libertés publiques, qui est assez démantelé d'ailleurs pour qu'on ne lui donne pas le dernier coup du démolisseur. Puis ces mots *erreur judiciaire* sont faciles à jeter à l'opinion, qui ne voit et ne discute rien et s'abandonne avec passion à tout ce qui l'émeut.

Voyez l'affaire Lesurques ; tout le monde en France croit à l'innocence de Lesurques, et on ne craint pas d'affirmer que le gouvernement ne veut pas rendre à ses héritiers des biens injustement confisqués. (*Patrie*, 12 mai 1862.)

Qu'y a-t-il de vrai dans tout cela ? Ce n'est pas ici le lieu de revenir sur un procès que l'opinion publique, qui se croit infaillible, a la prétention d'avoir jugé irrévocablement. Cependant, l'homme de bon sens qu'une pièce de théâtre, larmoyante et absurde, ne suffit pas à entraîner ; celui qui cherche sérieusement les motifs de la résistance du pouvoir au courant tumultueux de la foule, n'a-t-il donc rien à dire à ces esprits forts qui croient prouver parce qu'ils affirment ?

Combien de personnes en France qui s'apitoient sur cette famille et son infatigable défenseur, et ne savent, des circonstances principales du drame du 8 floréal an IV, que ce qu'en disent les auteurs de cette énormité juridico-théâtrale qui a nom : *le Courrier de Lyon?* Combien en est-il qui ont vu le dossier de cette lamentable affaire ou connaissent ceux qui ont eu ce privilége? Je n'hésite pas à répondre : Presque personne. Quelques-uns savent que M. Salgues, vingt-sept ans après l'exécution de Lesurques, compulsa les dossiers cachés dans la poussière des greffes; que M. Mérilhou a plaidé dans le sens de la réhabilitation, et que M. Coquart a fait un historique de l'affaire pour justifier ses critiques de l'art. 443 du Code d'instruction criminelle. Puis, la foule a appris qu'un vieillard dépense ses forces et son courage pour obtenir cette réhabilitation, en alléguant la *spoliation* dont ses chers protégés sont *encore* les victimes.

Je respecte ces autorités ; mais je consulte le rapport de M. Siméon, au conseil des Cinq-Cents, au lendemain de l'arrêt, alors qu'on criait déjà à l'erreur et qu'on demandait l'ajournement de l'exécution ; je lis la lettre si nette et si claire adressée au Ministre de la justice, par l'accusateur public, lors du procès Dubosc, en l'an IX, et qui déclare que la confusion de personnes qu'on avait essayé d'établir en faveur de Lesurques n'existe pas, et que le résultat de cette affaire Dubosc est concluant dans le sens contraire; je constate qu'en 1806 une pétition motiva une enquête qui n'aboutit pas; qu'en 1808 une autre pétition fut également repoussée; et qu'au commencement de la Restauration, M. de Serres étant ministre, de nouvelles réclamations eurent le même sort.

Je constate encore qu'en 1822 le Conseil d'État, toutes sections réunies, décida, sur le rapport de M. Zangiacomi, que rien, *ni en fait ni en droit*, ne motivait la révision. — Le remarquable rapport de M. le baron de Crouzeilhes, présenté au Sénat, en 1856, m'explique enfin les conclusions si dignes et si réservées d'un autre rapporteur, qui disait tout dernièrement que la loi doit fléchir seulement lorsque l'innocence doit en profiter, et non pas lorsqu'il ne peut en résulter que des doutes.

Tous ces documents, qui font plus que m'émouvoir, ne touchent guère ceux qui vont pleurer au théâtre. — Aussi je ne discute pas; — tout au plus dirai-je aux fanatiques : Si vous avez lu le dossier, je respecte votre opinion. — Si vous ne l'avez pas lu, respectez la mienne.

Mais dans tous les cas, je voudrais que, pour cette cause si sainte, on fût très respectueux envers la vérité, je voudrais qu'en faisant appel à l'opinion, on ne cherchât pas à la tromper. Or, la famille Lesurques parle toujours de spoliation, c'est ce qui touche les masses, et elle ne dit pas qu'en 1835, après une supplique adressée au roi, par un de nos plus éminents confrères, et dans laquelle la révision du fameux art. 443 était formulée déjà dans les mêmes termes qu'aujourd'hui, elle a encaissé DEUX CENT SOIXANTE MILLE francs, représentant, avec les intérêts, la valeur des immeubles confisqués en 1796.

Il est vrai qu'elle aurait dû ajouter que, voyant la générosité du roi, qui avait son ministre des finances pour complice, elle voulut, quelque temps après, parler d'une petite somme oubliée dans le compte général, mais que l'origine de cette somme s'expliquait difficilement, car, trouvée au domicile de Lesurques, on pouvait penser qu'elle était sa part du butin, et que Louis-Philippe, ce monarque bourgeois, avait bourgeoisement répondu : *Allons, c'est une affaire d'argent, il est temps de fermer la caisse.*

Ces simples détails, s'ils étaient avoués, et ils doivent l'être, attiédiraient peut-être l'enthousiasme général, et d'aucuns pourraient dire à la famille de se contenter de la réhabilitation consacrée par la foule, sans demander celle de la justice.

Ceci prouve néanmoins que nous devons poursuivre très énergiquement la révision de l'art. 443 ; mais il ne faut pas trop se hâter, comme le demandait hier un de nos confrères, de mettre les statues de Lesurques et Calas à toutes les portes de Cours d'assises. L'ombre de Calas pourrait peut-être s'en émouvoir

(*Numéro du 5 janvier* 1863.)

...... Dès l'instant où j'osais affronter la routine, courir sus à une de ces idées banales qu'on accepte et qu'on garde sans examen, je devais entendre bêler ces moutons de Panurge qui, il faut bien le dire avec résignation, n'étaient pas en minorité en l'an de grâce et d'esprit que nous venons d'enterrer. Toucher à l'arche sainte! fronder une croyance vraiment populaire! grands dieux, quelle énormité!

Je sais bien que si j'avais été assez heureux pour trouver le moyen de calmer toutes les souffrances qui crient et qui pleurent à nos portes; si j'avais exposé le plan d'une réforme législative, bien simple d'ailleurs, qui ferait une vérité de cet adage menteur : la justice est gratuite en France; si j'avais dévoilé un de ces abus monstrueux que nous subissons sans protester, parce qu'ils profitent à quelques-uns, on ne m'aurait pas même fait l'honneur de me lire, ou bien on m'aurait fort dédaigneusement envoyé..... prouver aux brahmanes que leur dieu Shiva est un dieu imaginaire. — Mais j'ai osé mettre le nom de Lesurques dans le sommaire d'un pauvre petit courrier du Palais; vite on est allé aux dernières pages, et voyant que j'avais le mauvais goût d'incliner au respect de la chose jugée, on a posé des griffes sur ma prose inoffensive, mais réfléchie, et on l'a mise en pièces. — Qui ça, on? direz-vous. — Ma foi, je n'en sais rien; — mais j'ai là sur mon bureau vingt lettres plus ou moins polies, qui ont la prétention de me prouver par des injures que je n'ai pas le sens commun : je pourrais ajouter, il est vrai, que quelques-unes de ces gracieuses épitres peuvent servir à leurs auteurs de carte d'entrée à Charenton, quartier des fous furieux.

Quand la discussion arrive à ce lyrisme des halles, on devrait quitter la partie, au risque de laisser croire qu'on s'avoue vaincu; mais, au milieu de ces diatribes grotesques, il en est une qui me fait non pas un argument, mais une observation qui ne manque pas de justesse.

« Pourquoi, me dit mon correspondant anonyme, le pouvoir qui, selon vous, ne croit pas à l'innocence de Lesurques, a-t-il donc laissé pendant de longues années un directeur de théâtre mettre sur son affiche une légende qui prouvait clair et net que la justice s'était trompée, et que cette magnifique pièce du *Courrier de Lyon* (oui, Monsieur, ne vous en déplaise, magnifique) n'était que la reproduction pathétique et officielle de cette lamentable erreur? Vous qui en savez plus long que tout le monde, parlez, on vous écoute. »

Mon Dieu, ma réponse est bien simple. Et d'abord, je persiste dans ma précédente appréciation de la pièce, que mon correspondant trouve magnifique ; je déclare tout simplement que c'est une fantaisie stupide, et tellement en dehors des moindres notions de la procédure criminelle, que c'est à elle surtout, et seulement à elle, peut-être dans l'affaire, qu'on devrait donner le nom d'*erreur judiciaire*.

Mais que l'administration ait laissé afficher cette machine à mouchoirs, avec la légende en question, le fait est malheureusement exact, et je ne saurais l'en féliciter. L'erreur eût-elle été juridiquement reconnue, la réhabilitation, prenant le chemin de la réclame, n'aurait pas conservé son entière dignité ; à plus forte raison, dans l'état actuel des choses, les gens vraiment sensés ont-ils déploré cette tolérance qui devenait une espèce de complicité pour les intérêts d'une entreprise. — Toutefois, ce blâme réservé, de ce que l'agent chargé de surveiller l'affichage n'a pas compris la gravité de cet appel à la passion publique, faut-il en conclure que le pouvoir croyait à l'innocence du héros de la pièce et invitait la foule à croire avec lui?.... D'ailleurs, depuis longtemps cette légende a disparu. Il est vrai qu'à chaque reprise de l'ouvrage, les journaux lancent au loin la protestation du défenseur de la famille et font une publicité qui ne profite qu'au directeur ; — mais je ne serais pas surpris que les noms empruntés à l'assassinat de floréal fissent bientôt place à d'autres, s'appropriant mieux que l'épouvantable vérité à ces grotesques caricatures, composées d'ailleurs par deux artistes de talent, et qui, sous les traits de Courriol surtout, ont fait courir tout Paris. Dans tous les cas, c'est à cette mauvaise pièce, dont tous les détails sont de pure fantaisie, qui remplace ou corrige les faits généraux par des incidents impossibles, que l'on doit le courant de l'opinion en faveur de Lesurques. Cette idée vous paraît téméraire, puérile ; sondez-la, vous la trouverez juste.

Il y a des gens qui n'ont pas même vu ce pauvre mélodrame, et qui vous disent : — Mais on m'a assuré que certaine pièce de la Gaîté prouve une erreur judiciaire commise *au temps de la révolution*, erreur qui pèse encore sur toute une famille injustement dépouillée. — Eh ! dans cinquante ans peut-être on exhumera le drame de notre *Dame de Saint-Tropez ;* un directeur intelligent le présentera comme l'expression contemporaine de l'opinion publique sur l'affaire du Glandier ; on légendera sur les poétiques protestations d'innocence de l'héroïne, sur la grâce qui lui a été accordée aux derniers jours de sa vie, sur la disparition de certaine servante, et le Denis de cette époque sera le Dubosc d'aujourd'hui ; la justice une fois encore subira les atteintes irrespectueuses de la foule !..... Allons donc !

En résumé, malgré mes féroces contradicteurs, je maintiens tout ce que j'ai dit. J'ajoute que je signerais des deux mains la savante consultation de mes confrères qui demandent la révision de l'art. 443 du Code d'instruction criminelle, mais qu'il n'est pas besoin, pour démontrer l'urgente nécessité de cette révision, de s'appuyer sur aucun fait particulier. En effet, il suffit de dire que, puisque nous n'avons pas encore assez de courage et de civilisation pour comprendre législativement que les peines irréparables impliquent l'infaillibilité du juge, n'abolissant pas la peine de mort et ne pouvant pas cependant garantir la vérité, il faut au moins remédier dans les limites possibles aux douloureuses conséquences de l'erreur.

Pour ne pas laisser croire que j'esquisse une situation dangereuse, je confirme ce que j'ai maintenu par quelques observations.

L'insuccès des héritiers Lesurques, en 1822, *M. de Serres étant ministre*, me paraît d'autant plus grave que, dans ses alliances M. de Serres comptait des parents de la victime, et qu'à cette heure même il y a des de Serres intéressés à cette si tardive réhabilitation. Je n'ai pas parlé du rapport de M. Gohier, président du Tribunal criminel, pas plus que du travail de M. Isambert, conseiller à la Cour de cassation, l'alpha et l'oméga de l'affaire, et l'étreignant tous deux des mêmes désespérantes conclusions. Un sentiment de haute convenance ne me permet pas de dire pourquoi l'auteur du mémoire de 1835, qui a rendu au moins une belle fortune à ses clients, n'a pas plus tard, alors qu'il était ministre, mis le couronnement à l'édifice de l'avocat. Enfin, ouvrez le dossier, lisez la déposition des époux Champeaux, et vous admettrez que sept individus ont pris part à l'assassinat du courrier de Lyon. Or, Courriol, Dubosc, Durochat, Vidal et Roussy sont morts sur l'échafaud, et Bernard a été exécuté comme complice pour avoir prêté les chevaux et recélé une partie de la somme volée ; que reste-t-il à la justice? *Lesurques....* et *un autre*, c'est-à-dire, et cela heurte de front, en la brisant, l'opinion la plus accréditée, que la justice, au lieu de regretter une victime, avait le droit de rechercher encore un coupable!

Finissons. — Le débat contradictoire n'est d'ailleurs pas possible, et je suis un peu de la famille de cet ancien qui disait : Aristide m'ennuie, je vote l'ostracisme. — Sans le prendre aussi légèrement, puisqu'il s'agit, non d'exil mais d'échafaud, si je n'ébranle aucune conviction, je dirai et ferai comme certain conseiller qui se frottait les mains après chaque arrêt, en disant : J'étais de la majorité, donc j'avais raison ; j'étais de la minorité, bonne justice, mes collègues sont bien plus forts que moi, — et il se réjouissait, comme moi, d'être quelquefois seul de son avis.

(*Numéro du* 19 *janvier* 1863.)

*P. S.* — On me communique à l'instant la réponse un peu tardive, et longuement élaborée, de M. Méquillet à mon appréciation de l'affaire Lesurques. J'ai dit que je ne croyais pas le débat contradictoire, ou tout au moins une polémique possible. J'ai émis une opinion, c'était mon droit ;

cette opinion, je l'ai puisée dans l'examen du dossier ; je m'abrite, d'ailleurs, derrière la chose jugée, et je repousse le reproche de légèreté. J'ajoute : j'ai le regret de n'avoir pas lu l'ouvrage de Mᵉ Bertin ; ce n'est donc pas là que j'ai trouvé *le seul document sérieux qu'on puisse opposer aux réclamations de la famille Lesurques ;* mais j'ai lu *tous* les autres documents que l'on invoque contre ma loyauté. Je nie que Mᵉ Crémieux ait donné une adhésion, *sans réserves*, à la consultation délibérée récemment. Enfin, je suis heureux, dans tous les cas, d'avoir fourni à l'auteur de la lettre signée Méquillet, l'occasion de faire un nouveau plaidoyer en faveur de la prétendue victime de floréal.

Puisse-t-il avoir plus de succès que ses aînés !

M. L.

C'est à ces attaques que M. Méquillet devait à lui-même et à la sainte cause dont il s'est chargé, de répondre par la rectification des faits qui s'y trouvent inexactement rapportés.

Voici la lettre qu'il a écrite à M. Lardière et qui a été, à l'exception du premier alinéa, insérée dans le numéro du *Bulletin des Tribunaux* portant la date du 19 janvier.

Batignolles, le 16 janvier 1863.

Monsieur,

Vous avez, dans le feuilleton de votre journal, *le Bulletin des Tribunaux*, parlé de l'affaire Lesurques en des termes qui appellent une rectification que, plus que personne, j'ai le droit et le devoir de vous adresser.

Je vous l'aurais déjà envoyée si je n'eusse pas douté pendant quelque temps de la vitalité de ce journal. Je me rappelais, en ne voyant pas paraître le numéro annoncé pour le lundi 29 décembre, le sort funeste de *la Cour d'assises illustrée*, journal que, je crois, vous avez connu. Mais je m'étais trompé ; *le Bulletin des Tribunaux* a réapparu. Je vous en félicite, Monsieur, et je m'en félicite également, puisqu'il me donne l'espérance de le voir accorder à la présente lettre une insertion que je réclame de votre impartialité.

Il paraît au reste, Monsieur, que cette lettre a été précédée de beaucoup d'autres, manifestant, sous une forme énergique, l'indignation soulevée par vos efforts pour renouveler un débat depuis longtemps tranché par l'opinion publique. Sans approuver les injures qui, selon vous, s'y trouvent contenues, il me sera permis, je pense, de m'étonner que vous n'y ayez pas vu une preuve du jugement porté sur cette affaire par la conscience du pays, et que vous n'ayez pas été conduit à examiner plus sérieusement, avant de vous livrer à de nouvelles attaques, les faits douloureux que vous traitez si légèrement.

Il est vrai que cette opinion publique a été, dites-vous, créée d'une manière factice, par cette pièce du *Courrier de Lyon*, pièce stupide à votre sens, et qui révolte à la fois votre science juridique et la pureté de votre goût littéraire. Je n'ai pas à défendre contre votre critique délicate MM. Moreau, Siraudin et Delacour ; pourtant, avant de leur reprocher d'avoir faussé la conscience publique, vous auriez peut-être dû comparer les dates et voir si leur œuvre n'en avait pas suivi, loin de les précéder, les manifestations éclatantes. La pièce du *Courrier de Lyon* a été jouée, pour la première fois, le 16 mars 1850 ; comment aurait-elle excité l'intérêt qui l'a accompagnée, comment eût-elle même été possible, si, à cette époque, l'erreur judiciaire n'eût pas été constatée, et si le verdict du jury de l'an IV n'eût été, de l'aveu de tous, le résultat de la plus déplorable erreur?

Mais, Monsieur, ignorez-vous donc tout ce qui s'est passé de 1796 à 1850? Avez-vous feuilleté les colonnes du *Moniteur*, remplies des protestations des grands corps de l'Etat en faveur de la réhabilitation de Lesurques? avez-vous entendu parler des nobles efforts de M. Daubenton, le juge de paix qui avait fait arrêter Lesurques, et qui, le premier, convaincu de l'erreur de la justice, consacra sa vie entière à lutter pour sa réhabilitation? Savez-vous que, dès 1809, l'opinion était tellement fixée, que M. le sénateur Jacqueminot, à qui l'on offrait pour sa dotation les domaines confisqués, refusait, *ne voulant pas*, disait-il, *jouir du bien de l'innocent?*

Connaissez-vous le Rapport de M. le procureur du roi Doué d'Arcq, qui, chargé par le procureur général de faire un rapport sur l'affaire, exprimait, en 1821, la *douloureuse conviction que Lesurques était mort victime d'une fatale erreur?*

Avez-vous lu le rapport de M. le comte de Valence à la Chambre des pairs, et celui de M. le comte de Floirac à la Chambre des députés, les 14 et 15 décembre 1821, proclamant tous deux *comme évidente* l'innocence de Lesurques? et savez-vous que ces deux assemblées ont, à cette époque, voté le renvoi de la pétition aux ministres, et sollicité la modification de l'article 443 du Code d'instruction criminelle?

Est-ce la pièce de 1850 qui a déterminé, le 25 mai 1833, sur le rapport de M. Merlin de l'Aveyron, la Chambre des députés à se prononcer *pour la restitution pécuniaire intégrale, et pour la réhabilitation de Lesurques, comme devant résulter de la notoriété, de l'évidence qui constataient l'erreur de la condamnation?* Peut-être M. Emmanuel Poulle, le 10 mai 1834, prévoyait-il le drame futur en proposant, dans un nouveau rapport, des conclusions semblables à la Chambre élective. Sans doute, en 1835, M. le ministre Humann, lorsqu'il fit voter par la Chambre, en proclamant l'innocence de Lesurques, une restitution malheureusement incomplète, avait l'intention d'aller à la Gaîté quinze ans plus tard, et on pourrait soupçonner les 228 députés qui, en 1846, se joignirent à la députation du Nord pour demander la réhabilitation de celui dont l'innocence était, selon eux, *mathématiquement* démontrée, d'avoir voulu préparer à l'avance un succès aux dramaturges des temps futurs! Vous ignorez donc, Monsieur, tous ces faits? Mais peut-être vous appuierez-vous sur le rapport de M. de Laboulie, en date du 25 janvier 1851? Il démontre l'innocence de Lesurques; il est postérieur à la pièce du *Courrier de Lyon.* Direz-vous qu'il l'a copiée? et accuserez-vous l'honorable député, le membre actuel du conseil de votre ordre, d'être un fanatique, inspiré, suivant votre élégante expression, par *une machine à mouchoirs?* Ce reproche, vous le ferez à M. Canet, autre rapporteur à l'Assemblée législative, à MM. de Riancey et Favreau, auteur d'un projet de loi modificatif de l'article 443 du Code d'instruction criminelle, à l'Assemblée notionale presque unanime, qui a adopté ce projet à une première et à une seconde délibération, et que le coup d'Etat du 2 décembre a seul empêchée de le convertir en loi. Pourquoi pas aussi à vos anciens bâtonniers, MM. Gaudry, Jules Favre, à MM. Crémieux, Bertin, Odillon-Barrot et Béchard, Nicolet, Louis Nouguier, Etienne Blanc, Choppin, Delassale, Aug. Pougnet, Leblond, Lecoq de Boisbaudran, vos anciens et vos confrères, à tant d'autres avocats du barreau de Paris, aux bâtonniers et aux membres des barreaux des diverses cours impériales, qui ont bien voulu rédiger l'année dernière des consultations à l'appui de ma pétition? pourquoi pas à M. Frédéric Thomas, votre collaborateur au nouveau journal que vous fondez, qui a consenti à me prêter son appui?

En vérité, quelques bonnes intentions qu'aient eues les auteurs de la pièce de 1850, il ne faut pas leur attribuer une influence à laquelle ils ne prétendent pas. Pairs, députés, représentants, avocats illustres de tous les temps, voilà ceux dont l'opinion consciencieusement éclairée a dirigé celle de la foule, et a constitué ce verdict unanime que vous voulez ébranler.

Ces hommes ont vu le dossier de l'affaire Lesurques; et vous, Monsieur, l'avez-vous entre les mains? auriez-vous eu au moins sous les yeux le rapport fait au Sénat par M. de Crouzeilhes, que vous qualifiez de remarquable? Permettez-moi de croire que vous agissez ainsi de confiance. On n'a pu commettre le délit de violer le secret des délibérations du Sénat antérieures au 24 novembre 1860. Au surplus, l'honorable M. de Crouzeilhes n'était pas comme votre conseiller, digne émule de Pangloss; il avait le courage d'examiner deux fois une affaire, et de revenir sur une opinion déjà manifestée. Eclairé, depuis son rapport, par une nouvelle étude des faits, il m'avait manifesté sa conviction désormais fixée de l'innocence de Lesurques, et j'avais eu l'honneur de l'en remercier dans plusieurs lettres qui doivent se trouver dans les papiers de sa succession. Si la mort ne l'eût enlevé aux travaux qu'il avait à cœur d'accomplir et aux respects dont il était si digne, le rapport présenté l'année dernière, par l'honorable M. Stourm, n'eût certes point passé sans discussion.

Que vous reste-t-il donc, Monsieur? Ce fait que M. de Serres, en 1822, avait des parents intéressés à la réhabilitation? Il est absolument inexact. Celui-ci, que M. Crémieux, en 1848, ministre de la justice, ne l'a pas fait prononcer? Franchement, il avait bien autre chose à faire, et vos insinuations reçoivent une réponse très intelligible par l'adhésion donnée par cet illustre avocat à la consultation délibérée tout récemment. Vous parlez d'un travail de M. Isambert : bien loin de s'opposer à la réhabilitation de Lesurques, il s'associait, en 1846, à la pétition des députés du Nord. Vous citez le rapport du président Gohier, qui n'en a pas fait; vous rappelez celui de M. Siméon, rédigé à une époque où l'existence du vrai coupable, Dubosc, était encore problématique, et qui dut lui causer de cruels regrets, lorsque, quelques jours après, la lettre d'un juge de paix de Besançon, M. Jarry, vint lui certifier à la fois l'existence de Dubosc, *et son habitude de se déguiser avec une perruque blonde.*

Avez-vous au moins étudié sérieusement le dossier criminel? On le croirait à lire vos apostrophes à ceux que vous appelez des fanatiques; on ne le croit plus quand on examine vos arguments. Que dites-vous du butin trouvé chez Lesurques! Jamais l'accusation n'a rien articulé de semblable, et si l'on eût d'ailleurs trouvé quelque argent chez lui, quoi d'étonnant chez un homme qui avait (ceci est incontestablement établi) environ 10,000 livres de rente! Vous parlez de Courriol, de Dubosc, de Durochat, de Vidal, de Roussy, et vous omettez de dire que *tous* ces coupables, excepté Vidal, ont, en expiant leur crime sur l'échafaud, déclaré l'innocence de Lesurques, qu'ils ne connaissaient même pas. *Oui, tous*, MÊME DUBOSC, suivant les confidences de son avocat, révélées en 1851, par M. Mercier, alors doyen de l'ordre des avocats de Paris. Non, vous n'avez pas lu le dossier, et, en effet, votre seul argument est celui du rapport fait en 1822 par M. Zangiacomi au conseil d'Etat, que vous avez trouvé cité à la fin de l'ouvrage de M. Bertin, et qui forme le seul document sérieux qu'on puisse opposer aux réclamations de la famille Lesurques.

Selon vous, selon M. Zangiacomi, il y a eu sept assassins et non cinq, et il n'y a eu que six exécutions; et, pour le prouver, vous citez deux témoins, les époux Champeaux, qui ont parlé de deux cavaliers *qui pouvaient* s'être joints aux meurtriers.

M. de Laboulie, dans son rapport, a fait justice de cet argument. Oui, dans deux circonstances de l'instruction, les époux Champeaux ont parlé de ces deux cavaliers. Mais, dans d'autres dépositions, à l'audience, ils n'ont mentionné que les quatre assassins Dubosc, Vidal, Béroldy et Courriol, qui, avec Durochat, le voyageur de la voiture, ont été depuis jugés et punis; l'accusation du 5 messidor an IV parle de *cinq* assassins, dont quatre cavaliers. Le 30 messidor an V, l'acte d'accusation contre Vidal et Dubosc parle également de *cinq* coupables. Tous les témoins avant, après le crime signalent la présence de cinq hommes. Courriol, Durochat, dans leurs aveux faits séparément, indiquent ce même chiffre, et chacune de leurs accusations est confirmée par une condamnation capitale. Il n'y avait donc que cinq coupables à Lieusaint : il y a eu six condamnations à mort.

Mais admettons même l'existence et la complicité des deux cavaliers dont ont parlé les Champeaux; Lesurques était-il l'un des deux? Pas un témoin ne l'a déclaré. Ceux qui ont cru le reconnaître ont tous affirmé qu'il faisait partie du groupe des quatre cavaliers. Or, Vidal a été condamné comme l'un de ces quatre cavaliers, Béroldy aussi, Courriol également, enfin Dubosc. Quelle place parmi ces quatre cavaliers trouvez-vous pour Lesurques?

Comment! direz-vous, Lesurques était l'homme dont on avait remarqué les cheveux blonds; c'est lui qui avait raccommodé avec du fil son éperon d'argent, à demi détaché. Les témoins l'ont déclaré dans l'instruction, dans les débats, partout; l'acte d'accusation le désignait ainsi; le verdict du jury l'a établi.

Soit, Monsieur; mais Dubosc, pourquoi a-t-il été condamné? Est-ce un quelconque de ces quatre cavaliers? Déjà Courriol l'avait désigné comme étant ce même homme à perruque blonde et à éperons argentés peu solides. Durochat fait la même déclaration. *M. Jarry l'avait signalé comme ayant l'habitude de cette perruque.* On l'arrête, on trouve chez lui des perruques de diverses couleurs, on lui met une perruque blonde, et les témoins de le reconnaître, et les jurés de le condamner. Et l'on viendrait dire qu'il n'y a pas contradiction entre cette condamnation et celle de Lesurques? Vous avez lu, dites-vous, la lettre si nette et si claire adressée par l'accusateur public au Ministre de la justice, et qui déclare que la confusion des personnes, qu'on avait essayé d'établir en faveur de Lesurques, n'existe pas. Je ne connais qu'une décision du parquet de Versailles, refusant communication des pièces à la famille Lesurques, parce que, la réhabilitation n'étant pas possible, elle est sans intérêt légal à obtenir. Comment l'accusateur public de Versailles eût-il pu d'ailleurs ignorer les faits constants de la cause? L'acte d'accusation contre Vidal s'exprime ainsi : « Il n'en est pas de même du citoyen Guéno et de Lesurques. Le premier n'a été poursuivi que par l'effet d'une ressemblance extraordinaire avec Vidal; mais il n'a pas succombé. *Pourquoi faut-il qu'une circonstance semblable ait coûté la vie et l'honneur au malheureux Lesurques?* Aujourd'hui, ce n'est plus lui dont la société réclame le châtiment, c'est Dubosc. C'est contre lui que s'élèvent les plus redoutables préventions, c'est lui que Courriol mourant a désigné comme le véritable coupable, c'est chez lui que le partage du vol s'est effectué, c'est lui que Durochat a désigné. »

Le 30 messidor an V, le jury d'accusation contre Dubosc lui-même disait : « Aujourd'hui, c'est Dubosc qui est prévenu *d'être, au lieu de Lesurques*, l'un des auteurs desdits assassinats et vols. » Et n'est-ce pas dans l'acte d'accusation de l'an VI, dans celui que le ministère public avait à soutenir en l'an IX contre Dubosc, et qu'il a soutenu avec succès, que l'on lit que Dubosc avait une perruque blonde *semblable aux cheveux de Lesurques*; que c'est Dubosc qui avait l'éperon argenté raccommodé de fil, à Lieusaint? Enfin que pourrait-on répliquer au jugement suivant du 5 ventôse an VI, rendu préalablement à la condamnation de Dubosc :

« Le Tribunal, après avoir entendu *l'accusateur public* et le substitut du commissaire exécutif en ses conclusions;

» Attendu qu'il est reconnu que l'accusation admise contre Dubosc repose spécialement sur ce que, d'après la déclaration de plusieurs témoins, *ce serait lui qui, dans l'assassinat du courrier de la malle de Lyon, aurait commis les divers actes et fait les diverses démarches dont le nommé Lesurques avait été convaincu par le jugement du Tribunal criminel du département de la Seine*, rendu sur le même délit, le 18 thermidor an IV; par suite, il fut imputé la condamnation dudit Lesurques à une bien funeste ressemblance qu'il aurait eue avec Dubosc;

» Attendu que l'acte d'accusation annonce que ce qui a rendu cette ressemblance plus trompeuse, c'est que, le jour de l'assassinat, *Dubosc portait une perruque blonde pareille aux cheveux dudit Lesurques;*

» Attendu qu'il est de la plus haute importance que cette ressemblance soit vérifiée par les juges comme par les témoins, et qu'ils soient à portée de voir Dubosc avec la même coiffure qui lui est attribuée par l'acte d'accusation;

» Le Tribunal ordonne qu'à la diligence de l'accusateur public tout portrait ou buste du nommé Lesurques, condamné à la peine de mort par jugement rendu le 18 thermidor an IV, par le Tribunal criminel du département de la Seine, et exécuté, seront apportés au greffe du Tribunal criminel pour y servir de pièces de comparaison ou de conviction ; que, par le citoyen Remy Martin, perruquier à Versailles, rue du Commerce, que le Tribunal commet à cet effet, il sera fait sur l'un desdits buste ou portrait, une perruque blonde à la mesure et à l'usage de la tête de Dubosc accusé, pour être du tout fait tel usage qu'il appartiendra.»

L'épreuve fut faite, et Dubosc fut condamné.

Et l'on prétendra maintenant qu'il n'a pas été condamné comme étant le même assassin dont Lesurques avait déjà expié le crime; l'on dira que ces deux jugements sont conciliables, et que de ces deux hommes l'un n'est pas innocent! Non, Monsieur, il n'y avait parmi les assassins qu'un homme à cheveux blonds, qu'un homme qui ait, devant les témoins, raccommodé son éperon avec du gros fil. Cet homme, c'est Lesurques, d'après le jugement de l'an IV; c'est Dubosc, d'après celui de l'an IX. Il y a évidemment contradiction.

Après cela doutez-vous de l'innocence de Lesurques? Eh bien, Monsieur, je le veux bien, et c'est un service encore que vous rendrez à la manifestation de la vérité. Sollicitons ensemble la révision de l'article 443 du Code d'instruction criminelle, et quand elle sera obtenue, quand l'un des illustres avocats qui ont soutenu la cause de Lesurques plaidera pour la mémoire de l'homme de bien, considéré de tous ceux qui le connaissaient, du père de famille adoré des siens, de la victime innocentée par les déclarations de quinze témoins à décharge, plus encore, par les déclarations des vrais coupables au pied de l'échafaud, vous, vous défendrez Dubosc, le briseur de prisons, le voleur émérite, l'assassin de profession, stigmatisé par ses complices eux-mêmes; vous le défendrez bien, Monsieur ; on sait avec quel talent vous avez défendu Dumolard.

Un mot encore, Monsieur, et j'aurai terminé cette lettre. Comme vous, je voudrais que, dans cette cause si sainte, on fût très respectueux envers la vérité; je voudrais qu'en faisant appel à l'opinion on ne cherchât pas à la tromper ; ce n'est pas, en tout cas, la famille Lesurques qui mérite ce reproche. Si vous aviez lu la consultation délibérée en 1862 par M. le bâtonnier Jules Favre, vous auriez vu que la restitution opérée en 1835 était mentionnée avec reconnaissance. Mais si vous aviez étudié l'affaire, vous auriez vu qu'elle était bien incomplète, et que le mot de *spoliation* est parfaitement justifié.

En 1796, le Trésor, au lieu de se payer sur les biens de Lesurques du montant du vol et des frais du procès, comme le jugement de condamnation l'y autorisait, opéra une confiscation complète. En 1835, l'Etat restitua ce qu'en tout état de cause, et même la culpabilité de Lesurques reconnue, il devait incontestablement à ses héritiers. Il restait une somme de 74,596 fr. 95 c., non pas trouvée au domicile de Lesurques, mais représentant le préjudice causé par le vol, et dont il fallait retrancher environ 20,000 fr., recouvrés entre les mains de Courriol. Cette somme, d'environ 55,000 fr., l'Etat l'a retenue et la retient encore sur les biens de l'innocent. La famille Lesurques la réclame, non, comme vous le dites, par un vil intérêt pécuniaire; mais cette somme ne peut être rendue que si l'innocence de son chef est proclamée. La restitution en serait l'aveu éclatant; ce serait le signe visible de cette réparation morale qu'elle demande depuis soixante-six ans. Cette réparation, elle l'a payée d'avance assez cher pour qu'on ne s'en serve pas afin de l'insulter encore. Ce n'est pas avec de l'argent qu'on fera oublier Lesurques mort sur l'échafaud; la raison de sa mère, celle de sa femme perdues; son fils allant mourir en Russie pour conquérir la réhabilitation de son père; sa fille préférant le suicide à la perte de l'espérance dans la justice. Vous avez eu tort, Monsieur, de vous livrer à ce sujet à des insinuations outrageantes, et mon âge me donne le droit de vous le dire. Vous avez eu tort aussi d'attribuer à un roi, dont la bonté, ainsi que celle de sa noble famille, nous a été si secourable, des paroles que son cœur, comme sa raison, eût désavouées; vous avez eu tort, enfin, de parler de toute cette affaire sans la connaître et sans l'étudier suffisamment; vous avez été, vous le dites vous-même, ennuyé d'entendre appelé Aristide le Juste et Lesurques l'Innocent. Permettez-moi de vous dire que ce n'est pas d'un avocat, d'un homme dont toute pensée doit tendre au bien, dont toute parole doit être réfléchie, que j'aurais craint une opinion aussi peu sérieusement motivée. Permettez-moi aussi de croire que déjà vous regrettez les erreurs que vous avez laissé fourmiller dans vos articles, et d'espérer que vous les réparerez par l'insertion de la présente rectification, sans m'obliger à invoquer, en ma qualité de représentant légal de la famille Lesurques, l'art. 11 de la loi du 25 mars 1822 et l'art. 13 de la loi du 27 juillet 1849.

Veuillez agréer, etc.

Louis Méquillet père,

Représentant depuis quarante et un ans l'infortunée famille Lesurques,
et subrogé-tuteur des cinq petits-enfants.
*Boulevard des Batignolles*, n° 52.

Nous croyons devoir ajouter les lettres suivantes, dont l'une émane de M. Crémieux, l'éminent avocat qui, à diverses époques, a soutenu avec tant d'énergie les droits de l'innocence et du malheur; on lira également avec intérêt l'adhésion qu'il a donnée l'année dernière à la consultation de M. le bâtonnier Jules Favre, et qui, quoi qu'on dise, ne comporte aucune réserve.

Paris, le 31 mars 1845.

« Monsieur,

» Des bruits mensongers et malveillants, qui ne sauraient décourager mon zèle, dont je ferai connaître, s'il le faut, et l'origine et le but, ont été répandus sur mon compte parmi quelques-uns de MM. les députés. On n'a pas craint de me présenter comme un agent d'affaires, exploitant à son bénéfice l'intérêt qui s'attache aux infortunes de la famille LESURQUES. Bien qu'une pareille imputation ne puisse m'atteindre, je tiens trop à l'estime de MM. les députés, qui ont bien voulu honorer mon zèle de leur bienveillante sympathie, pour ne pas protester hautement et de toute mon âme contre cette diffamation déjà repoussée plusieurs fois avec toutes les preuves de l'évidence, et qui a osé néanmoins se manifester de nouveau.

» Déjà, en 1829 et en 1835, cette calomnie fut répandue avec une dangereuse perfidie. Je crois devoir vous donner copie de la lettre qui fut, en cette circonstance, adressée par Mmes Lesurques à M. Beslay père, rapporteur de la commission des crédits extraordinaires et supplémentaires ; lettre authentique, accompagnée d'une apostille de M. Crémieux, l'éloquent et généreux défenseur de cette famille infortunée. Veuillez, Monsieur, en prendre lecture.

Louis MÉQUILLET père.

Copie de la lettre écrite à M. Beslay père, rapporteur de la Commission des crédits extraordinaires et supplémentaires, le 29 janvier 1835.

« Monsieur,

» M. Méquillet a eu l'honneur de vous voir; il nous a fait part de l'idée qui s'est répandue dans la Commission que vous présidez : on y a pensé que des agents d'affaires exploitaient notre infortune, et que c'était pour eux, en grande partie, qu'avaient été rendues les ordonnances de 1824 et 17 octobre 1834. Il nous a paru très important de donner sur ce point, à MM. les membres de la Commission, les explications les plus positives.

» Depuis l'horrible désastre dont notre famille fut frappée en 1796 et l'illégale confiscation qui consomma notre ruine, nous étions arrivés sans secours jusqu'en 1820. Alors, désespérant de la plus juste réclamation, vivant dans la gêne la plus étroite, nous fûmes forcés d'avoir recours à des agents d'affaires qui, après de longues démarches, obtinrent, en 1822, la somme de 224,000 fr. Hélas! oui, Monsieur, une grande partie de cette somme fut touchée par d'autres que par nous. Mais ce malheur, à qui faut-il l'imputer? A tous les gouvernements qui avaient foulé aux pieds notre misère, à l'injustice déplorable qui nous jetait enfin dans les bras de spéculateurs toujours avides et dont les services se paient si chèrement. Mais depuis 1822 nous espérons dans un meilleur avenir, et la Providence semble enfin être venue à notre aide.

» M. Méquillet, dont le dévouement est sans limites, est le seul qui, depuis dix ans, se soit mêlé, dans notre unique intérêt, d'amener notre liquidation à de meilleurs résultats, et Me Crémieux, avocat, nous a, depuis 1830, donné sans réserve et gratuitement sa protection et son appui. C'est donc bien pour nous, Monsieur, que la mesure réparatrice soumise à votre approbation a été prise par M. le ministre; c'est bien à nous que sont destinés les 252,100 fr. qui viennent de nous être alloués. Ah! Messieurs, nous ne vous dirons pas combien est faible l'indemnité du bien illégalement confisqué, illégalement vendu, dépouille de l'innocent immolé par la justice. Nous vous supplions seulement, quand vous lirez cette lettre, de vous souvenir qu'elle est signée par une des filles du malheureux Lesurques, aujourd'hui veuve et mère de famille, et par la veuve de cet infortuné, qui, livrée à toutes les douleurs, à toutes les infirmités, ne semble avoir résisté aux coup terribles sous lesquels elle fut anéantie que pour attendre la réparation de la plus épouvantable injustice.

» Agréez, Monsieur, pour vous et pour MM. les membres de la Commission, l'expression du profond respect avec lequel nous avons l'honneur d'être,

» Vos très humbles et très obéissantes servantes,

» Ve LESURQUES, Ve DANJOU, FILLE AINÉE. »

Paris, 29 janvier 1835.

« Monsieur,

» La veuve Lesurques et ses filles me prient d'apostiller cette lettre ; je m'empresse de me rendre à leurs vœux. Jamais aucun agent d'affaires ne s'est présenté dans mon cabinet pour me parler des infortunes de la famille Lesurques et de la réparation à obtenir. Je n'ai vu jusqu'à ce moment que M^me Danjou seule ou accompagnée de M. Méquillet. Je me suis dévoué de cœur à une cause que je regarde comme digne de l'intérêt du Gouvernement et des Chambres ; je persisterai jusqu'à la fin dans une œuvre que je crois éminemment honorable.

» Au moment où les crédits extraordinaires et supplémentaires se sont présentés sous tant d'aspects divers, il m'a paru consolant et doux de voir M. le Ministre des finances consacrer 250,000 fr. à une restitution si juste, si légitime ; je dis restitution, Monsieur, et je vous prie de vouloir bien remarquer l'expression ; voici pourquoi je m'en sers :

» Lesurques et ses coaccusés furent condamnés au payement de 74,000 fr. volés au courrier qui avait été assassiné ; 20,000 fr. furent retrouvés dans les mains de quelques-uns des meurtriers. La créance résultant de l'arrêt la portait donc à 54,000 fr. environ avec les frais.

» Le dossier constate que les biens de Lesurques étaient d'un revenu de 10,000 fr. au moins. Ils furent confisqués et vendus au prix de 185,000 fr.!!! Si la famille les eût conservés, elle eût retiré les revenus entrés depuis la confiscation dans les caisses de l'Etat ; elle aurait conservé aussi les immeubles et profité d'un grand accroissement de prix. Or, veuillez calculer les revenus jusqu'au premier payement de 224,000 fr. fait en 1822, joignez cette somme à celle de 250,000 fr., que le Trésor se propose de compter, et voyez si elles peuvent se comparer à celles qui seraient entrées dans les mains de cette malheureuse famille *si l'Etat n'eût pas illégalement confisqué ses propriétés.*

*Le mauvais emploi des deniers de l'Etat est un grand malheur, il peut être un crime,* MAIS UNE RESTITUTION SI LOYALE, PROPOSÉE PAR LE TRÉSOR, EST UN VOTE D'UNE HAUTE MORALITÉ. *Il appartient à la Commission que vous présidez de signaler cette bonne action de M. le Ministre des finances, qui accomplit une œuvre de justice nationale.*

» Je saisis avec empressement, Monsieur, l'occasion de vous exprimer la haute estime et la parfaite considération avec lesquelles

» J'ai l'honneur d'être,

» Votre très humble serviteur,

» Signé : CRÉMIEUX,

» Avocat au Conseil du Roi et à la Cour de cassation. »

M. LOUIS MEQUILLET père me demande mon adhésion à la Consultation de M^e JULES FAVRE.

En 1835, j'ai présenté à Louis-Philippe, sous ce titre : *Supplique au roi pour la veuve et les enfants de Lesurques*, un écrit qui fut imprimé à un très grand nombre d'exemplaires, et qui établissait les deux propositions suivantes :

« *Première proposition.* Il y a nécessité de proclamer *judiciairement* l'innocence d'un homme condamné par erreur.
» *Deuxième proposition.* Il y a nécessité de proclamer *légalement* que l'erreur dans les jugements humains doit être réparée, même quand ces jugements émanent de la plus sainte, de la plus auguste des juridictions, de l'assemblée du jury. »

Dans la discussion de la première proposition, j'ai réuni tous les faits tendant à établir l'innocence de Lesurques.

Dans la discussion de la seconde proposition, je soutiens la nécessité d'ajouter, par une loi nouvelle, trois paragraphes à l'art. 443 du Code d'instruction criminelle, pour arriver, par un jugement nouveau, à la réhabilitation du condamné frappé par une erreur judiciaire.

La supplique au roi, suivie d'un projet de loi, se terminait ainsi :

« La loi que je sollicite est toute favorable ; j'ose en mettre le projet sous les yeux de Votre Majesté.
» Améliorer nos lois politiques et criminelles, voilà, Sire, la plus belle partie de la haute mission que la Révolution de Juillet a confiée au patriotisme du roi des Français. Elle est grande et imposante la gloire du guerrier législateur qui, apparaissant au milieu des tempêtes politiques, armé de la foudre, s'élance, avec le vol de l'aigle, jusqu'aux extrémités du monde, et place à la tête des nations civilisées un peuple qu'il enrichit à la fois des dons de la victoire et d'un code immortel. Ce fut la mission du génie prodigieux dont le nom a rempli l'univers, dont nous saluons avec orgueil la statue relevée de nos mains ; mais les peuples savent ce que coûte la gloire des batailles, et la liberté vit mal au milieu des camps. Chaque époque a ses besoins : le progrès dans la législation est le besoin de notre époque. Les conquêtes s'évanouissent ; les lois restent debout pour apprendre à tous que le règne de la sagesse assure le bonheur des peuples et mérite les éloges de la postérité. »

Le roi, dans une audience aux Tuileries, me fit des objections pleines de fonds et de sagesse sur le danger d'une procédure nouvelle, lorsque près de quarante ans écoulés ne laisseraient plus que des preuves plus ou moins incertaines à opposer à une décision du jury.

« Sa famille est malheureuse, me dit le roi ; des présomptions, que des hommes considérables regardent comme des preuves, laissent croire à l'innocence du condamné ; mon gouvernement viendra, autant qu'il dépendra de lui, en aide à la situation, peut-être imméritée, de sa famille. »

Et, en effet, vivement soutenue par M. Humann, la proposition de remettre à la famille Lesurques deux cent cinquante mille francs fut accueillie ; la somme fut comptée par le Trésor.

Je n'ai plus eu, depuis vingt-six ans, à m'occuper de l'affaire Lesurques ; mais l'étude approfondie que j'avais faite alors de tous les documents du procès m'avait laissé, en faveur de l'innocence de cet infortuné, une conviction qu'aucune découverte ultérieure n'a ébranlée. Quelles que soient les difficultés d'une révision qu'avait si bien discutée la haute intelligence du roi, je crois que la réparation d'une erreur judiciaire doit être judiciairement poursuivie. Je donne donc mon adhésion à la consultation du bâtonnier des avocats.

*Signé :* Ad. CRÉMIEUX.

Paris. — Imp. de Dubuisson et Ce, rue Coq-Héron, 5.

www.ingramcontent.com/pod-product-compliance
Lightning Source LLC
LaVergne TN
LVHW010215230826
846091LV00008BB/3528

*9782019281991*